JN410738

괜찮지 않은데
괜찮다고 하지 않아도
괜찮아요

김하은 에세이

가끔은 힘듦에
머물러 있어도 괜찮다

17주 예스24
베스트셀러 작가
★★★★★

출판사 2026년
강력 추천 도서
★★★★★

플랫폼연구소소

괜찮지 않은데 괜찮다고 하지 않아도 괜찮아요

오늘도 어쩌다가 살아가는 당신을 위해

* 이 책은 5년 전 출간된 [가끔은 힘들어도 괜찮아]의 개정 증보판입니다. *

프롤로그

바쁘고 지치고 힘들지만
그런 자신의 감정은 제쳐주고
그냥 그런대로 살아가는 우리

많은 사람이 자기 자신이 얼마나
소중한 존재인지 잘 모르는 것 같다.

그래서 나는 이 책을 통해 당신이
얼마나 소중한 존재인지 알려주려고 한다.

왜냐하면, 당신이 이 사실을 깨닫고
조금이나마 더 자신을 생각해줬으면 해서.
조금이나마 더 행복했으면 해서.
힘들고 외롭지 않았으면 해서.
외로운 밤에 혼자 깨지 않고 푹 잤으면 해서.
그저 사소하지만 이런 중요한 이유로.

이 책을 읽고

당신의 마음이 조금 더 나아졌으면 한다.
그리고 조금이라도 위로가 되었으면 한다.

유난히 힘들었던 하루를.
누군가에게 상처받은 마음이.
그냥 외롭고 우울한 기분이 들 때.

나는 당신에 대해 잘 모르지만
당신이 내 이야기와 글을 읽고
조금이라도 위로가 되었으면 해서.

그래서 나는 오늘도 글을 쓴다.

당신이 행복하길 매일 밤 기도한다.

그동안 잘 살아왔어요, 당신

그동안 잘 살아온 당신에게 주는 위로 한마디

목차

어둠이 몰려온다면

진흙탕에 빠졌을 때 / 최선의 방법

불행한 일 / 불행한 일은 한꺼번에 온다

너무 행복해서 불행을 미리 걱정하는 당신을 위해

도망치기 / 회피하기

소중한 존재 / 자기 자신

소중한 이유

별

탓

쉼

고통의 크기

실수

실수도 실력?

드라마

공감

공감하는 법

모방

고난은(도?) 겪어본 사람이 더 잘 아는 법

감정에 가장 중요한 시기 / 감정에 가을이 찾아왔을 때

울어도 괜찮아요

우울

모든 감정은 소중하다

잠시 머물다 가는 존재

다름의 조화

참치

배스킨라빈스

히어로 영화 / 주인공

옷 정리

불안

할 수 있는 것과 할 수 없는 것

의식

연고

고민

초심 初心

SNS / 사람과 사람 사이의 관계

도전

모든 것 / 홀로서기

가을바람

겨울

추운 여름, 더운 겨울

글을 쓰는 이유

책을 쓰는 이유

책을 좋아하는 이유

11월 1일 (에 쓴 글)

12월

크리스마스

새해 (글?)

참사랑

세상에서 가장 위대한 이름

부모님

부모님의 마음

탄생

마침 / 끝

30년 후의 내 아들, 딸에게

세상에서 가장 소중한 존재

오늘 하루도 정말 수고했어.
오늘도 네가 잘못한 게 없는데
다른 사람들을 쫓아가기 위해
애꿎은 너 자신만 힘들게 했지?

그동안 마음고생 많이 했겠다.

너는 잘못한 거 없어.
네가 못하는 게 아니야.
네가 뒤처진 게 아니야.

너는 그냥 너의 속도에 맞춰서 살아가면 돼.
충분히 잘하고 있어.

아무것도 한 게 없어도 괜찮아.
그냥 버텨와 준 것, 살아와 준 것만으로도 고마워.

못하겠으면 꼭 하지 않아도 돼.
인생에서 꼭, 무조건해야 되는 것은 없어.

힘들면 안 해도 돼. 포기해도 돼.
조금 쉬었다가 다시 해도 괜찮아.

누가 뭐라 해도 너 자신을 먼저 생각해.
너는 네가 제일 잘 알잖아.

다른 사람들이 다 너를 믿지 않아도
너만은 너 자신을 꼭 믿어줘.
그리고 해낼 수 있다고 항상 응원해줘.

다 괜찮아.

못해도 괜찮고,

실수해도 괜찮고,

틀려도 괜찮아.

아무것도 몰라도 괜찮아.

인생을 열심히 살지 않았어도 괜찮아.

너는 존재 자체만으로도 충분히 소중한 사람이야.

아무것도 하지 않아도 존중받고 사랑받기에 마땅한 존재야.

아마 살면서 많은 장애물을 만날 거야.

그런데 이 사실 하나만 잊지 않았으면 좋겠어.

너는 그냥 너무나도 소중하다는 것과

세상에서 가장 소중한 사람이라는 사실을.

요즘 어때? / 안부 묻기 / 안부 묻는 법

오늘날, 우리는 안부 묻는 것이 생소한 시대에 살고 있다.

가끔 “예전에는 어땠을까?” 라는 생각에 잠긴다.

사람들은 보통 목적이 있을 때 안부를 먼저 묻곤 한다.
마치 밥 먹기 전에 입가심으로 디저트를 먹듯이.
또는 회사 상사에게 형식적인 안부로 인사를 하곤 한다.

하지만 감정이 서로 소통하기 위해서는 가끔은
아무 이유 없이 감정을 위한 안부를 묻는 습관이 생겨야 한다.

“요즘같이 바쁜 사회에서 할 일도 바쁘고 지치는데 감정까지 생각할 시간이 없다.” 라고 많이들 생각한다. 하지만 이것은 고쳐야 할 가장 첫 번째 생각 중 하나다.

이 생각을 이렇게 바꿔보면 어떨까?,
“요즘같이 바쁜 사회에 내 감정을 더 잃어버리면 안 되겠다.”

우리는
우리의 부와 명예만 존중해주는 것이 아닌
우리의 감정 또한 존중해주어야 한다.

어쩌면 부와 명예보나 너 소중한 것이 우리의 감정일 수도 있다.

나의 감정을 알아야 나를 더 잘 알 수 있다.
나를 잘 알아야 다른 사람을 존중해 줄 수 있다.

감정을 존중해주는
첫 번째 방법은 안부를 묻는 것이다.

'요즘 어때?', '잘 지내?'
자신에게 물어봐도 괜찮다.

처음에는 그냥 생각날 때 틈틈이 주변 사람들에게 물어봐라.
물론 생소하게 볼 것이고 생소할 것이다.

우리나라 사람들은 너무 바쁘게 살아온 탓인지
아무 이유 없이 안부 묻는 법이 아직은 어색하다.
하지만 일단 당신이 먼저 실천하면
다른 사람들도 용기를 얻을 수 있을 것이다. 그리고
감정에 대해 한 발자국 더 나아갈 수 있을 것이다.

안부를 묻는 것의 좋은 점은
안부를 물어보면
자신이 지금 어떤 감정을 가졌는지
자신의 감정에 대해 한 번 더 깊이 생각하게 된다.

어떤 사람들은 안부를 물어보면
여러 이유로 그냥 좋다고만 한다.

하지만 그런 사람들도 나중에
"나의 진짜 감정이 무엇이지?" 하며
다시 한번 자신의 감정에 대해 생각하게 된다.

이 과정을 통해 자신의 감정에 확신을 가질 수 있다.
참고로 이 확신은 자존감으로 이어진다.

또 다른 어떤 사람들은 안부를 물어보면 솔직하게 대답한다.

기분이
안 좋을 때는 안 좋다고 대답할 때도 있고,
행복할 때는 행복하다고 대답할 때도 있다.

이런 사람들은 자신의 감정을 솔직하게 표현할 수 있는 성격을 가진 것이다.

그렇다고 전자의 사람들이 자신의 감정에 솔직하지 못한 것은 아니다.

다만 성격의 차이로 자신의 감정을 솔직하게 표현하는 것보다 다른 것이 우선이라 솔직하게 표현하는 것이 조금 어려울 뿐이다.

왜냐하면, 전자의 사람들은 대게 인간관계를 중요시하는 편이라서 좋다고 대답하는 것이 안부를 물어봐 준 사람에 대한 하나의 배려라고 생각하기 때문이다.

참고로 나는 전자의 사람들에 속해있다.
그래서 누군가 안부를 물어보면 항상 좋은 쪽으로 대답을 하곤 한다.

왜냐하면, 위와 같은 이유도 있고, 혹시나 안 좋은 쪽으로 대답하면 오해로 인해 갈등이 생길 수도 있다고 생각하기 때문이다.

하지만 이것은 성격 차이이기 때문에
누가 잘했고 못했고를 따질 수 없는 문제다.

그저 우리가 해야 할 일은 모든 사람의 다름을 인정하고
존중해주는 일.

이것이 바로 우리가 해야 하고 성장하면서 배워나가야
할 숙제이기도 하다.

요즘 잘 지내?

‘요즘 잘 지내?’ 라는 말은 자칫하면 실례가 될 수도 있다. 왜냐하면, 잘 지내는 것은 생각보다 쉽지 않고 어려운 일이기 때문이다.

그래서 나는 ‘요즘 잘 지내?’ 보다는 ‘요즘 어때?’ 나 ‘요즘 어떻게 지내?’ 를 선호하는 편이다.

요즘같이 바쁜 시대에는
다른 사람들의 감정을 생각할 여유가 없다.
다른 사람들의 삶도 마찬가지다.

물론

“지금처럼 소셜 미디어가 많이 발전한 시대에
오히려 다른 사람들의 삶을 더 잘 알 수 있는 것 아닌가요?”

라며 반문을 들 수도 있다.

그러면 나는

“그것이 그 사람의 다양한 모습 중 하나일 수도 있지만
대게 그 모습들은 (가장 행복할 때의 모습이나
행복했을 때의 모습을 흉내 내는) ‘보여주기식’ 모습입니다.”

라며 반박할 것 같다.

그 모습이 잘못되었다거나 나쁘다는 것이 아니다.

다만 그 모습만 계속 고집하다 보면 진짜 자신 본연의 모습을 잊어버릴 수도 있다는 것을 알려주고 싶은 것이다.

마음이 공허할 때

누구나 살다 보면
마음이 공허할 때가 와요.

그때는 그냥 아무 생각 말고
좋아하는 노래를 들어보거나
잠시 집 근처를 조금 걸어봐요.

아무거나 다 괜찮아요.

그저 몇 분이라도 좋으니
잠시 하던 일을 멈추고

마음이 이끄는 대로 해요.

가끔은 이럴 때도 있어야죠.
그래야 사는 맛이 나죠.

괜찮아요.
누구나 다 겪는 과정이에요.
누구나 다 겪는 감정이에요.
누구나 다 겪는 시기예요.

괜찮아요

저는 누군가 힘들고 지친다고
할 때면 항상 괜찮다고 해줘요.

왜냐하면, 이 말 말고는 제가 해줄 수 있는 말이 없어요.

제가 어떻게 감히 그 힘듦을 가늠할 수 있겠어요.
제가 그때마다 해줄 수 있는 건 작은 위로밖에 없어요.

하지만 그 작은 위로가 진짜 조금이라도 잠시라도
위로되고 힘이 된다면 그거라도 열심히 해줘야죠.
어쩌면 그게 제가 해야 할 일일 수도 있잖아요.

그래서 지금 힘들고 지친 당신에게 한마디 해주려고요.

"괜찮아요. 정말 다 괜찮아요.
울어도 괜찮아요.
눈물이 존재하는 이유는 힘들 때 조금이라도 울라고.
그래서 그 흘러간 눈물처럼 그 힘듦을 조금이라도 덜라고.
그래서 눈물이 존재하는 거예요.
그러니 울고 싶을 땐 마음껏 울어도 돼요.

그리고 지금 누구보다 힘들 테니까
시간이 지나면 힘듦도 아픔도
다 지나간다는 말은 하지 않을게요.
오히려 이 말이 상처가 될 수도 있으니까.

저는 대신 이 말을 해줄게요.
그동안 너무 수고했어요.
아무것도 한 게 없어도,
다른 사람들보다 한참 뒤처졌어도
괜찮아요. 잘했어요.

당신은 잘못한 거 하나도 없어요.
당신은 그저 고생한 거밖에 없잖아요.
살려고 열심히 산 거밖에 없잖아요.

그동안 많이 힘들었죠?
알아주는 사람이 없어서 더 힘들었죠?
그동안 정말 수고했어요.

언제쯤 괜찮아질 거라고
기약할 수도, 장담할 수도 없지만
언젠간, 언젠간 분명히 괜찮아질 거예요.

"아, 이날 정말 힘들었는데
지금 생각해보면 그때가 있었기에
지금의 내가 있을 수 있었네." 하며
생각하고 추억하는 날이
분명 머지않아 올 거예요.

그때를 기약하며

조금만 더 힘내요."

괜찮지 않은데 괜찮다고 하지 않아도 괜찮아요.

괜찮지 않은데 괜찮다고 하지 않아도 괜찮아요.

괜찮지 않은 게 잘못된 게 아니잖아요.

자연스러운 거잖아요.

누구나 다 그럴 수 있는 거잖아요.

그러니

우리 괜찮지 않을 땐 괜찮다는 말 대신

괜찮지 않다는 말을 해봐요.

무엇이든 연습하면 되는 것처럼

괜찮지 않다고 말하는 것도 연습하면 돼요.

처음엔 가까운 사람에게 먼저 말해봐요.

예를 들면, 가족들이나 오랜 친구나

당신이 많이 신뢰하고 믿는 사람들에게.

예민하다고 하는 친구에게.

만약 당신이 믿었던 친구에게
요즘 괜찮지 않다고 너무 힘들다고 이야기했는데
그 친구가 "너 너무 예민한 거 아니야?"라고 한다면

그땐 그 친구와 잠시 거리를 두세요.
그리고 잠시 생각할 시간을 가져보세요.

그런데 여기서 한 가지 명심해야 할 점은

그 친구 때문에 너무 상처받지도
간다고 하는 거 계속 붙잡지도 말아요.

그럴수록 힘든 사람은 그 친구가 아닌 당신이에요.
저는 당신이 조금이라도 덜 힘들었으면 좋겠어요.

시간이 지나 그 친구는 분명 좋은
사람을 한 명 잃었다고 뒤늦게 깨달을 거예요.
원래 사람은 있을 때는 그 사람의 소중함을 몰랐다가
지나간 후에야 그 소중함을 깨달아요. 그리고 후회해요.

그러니 너무 상처받지 말아요. 그리고 그냥
그 친구가 좋은 사람을 한 명 놓쳤다고 생각해요.

Pause

나는 이 영어 단어가 좋다. 왜냐하면, 바쁜 시대에 살고 있으므로 ‘잠시 멈춘다’ 라는 뜻을 가진 이 영어 단어가 마치 휴식처럼 느껴지기 때문이다.

나는 항상 열심히는 한다. 하지만 열심히만 할 뿐 최선을 다하진 않는다. 분명 열심히 한다는 것만으로도 나 자신에게 칭찬을 해줘야 할 일인데, 최선을 다한다는 내 기준이 너무 높은 듯하다. (내 기준에 최선을 다한다는 적어도 밤을 새우면서 그것만 종일 붙잡고 있는 것을 의미한다) 그래서 시간이 지나고 나면 열심히는 했으나 최선을 다하지 않은 것에 계속 후회를 할 것만 같은 기분이 들었다. 그래서 나는 이 기회에 인생의 ‘잠시 멈춤’ 버튼을 누르고 인생을 돌이켜 보며 다시 한번 생각해봐야 할 것 같다.

– 보통의 힘듦

살면서 느끼는
보통 정도의
힘듦이 찾아왔을 때

내가 가장 듣고 싶은 말은
'괜찮아, 충분히 잘하고 있어' 다.

왜냐하면, 보통의 힘듦은
무언가가 마음처럼
잘 안되었을 때나
어긋났을 때 오기 때문이다.

그때 우리는 기댈 곳이 필요하다.

괜찮다고 해주는 사람이 필요하다.

충분히 잘하고 있다고 해줄 사람이 필요하다.

내가 어느 정도 해왔는지

잘하고 있는지

확인하고 싶기 때문이다.

좋아하는 일을 하고 있더라도

자신이 어느 정도인지

잘하고 있는지에 대한

확신이 없으면

의욕이 떨어지기 마련이다.

가끔은 힘듦에 머물러 있어도 괜찮다

천천히 조금씩 힘이 들지
않을 정도만 노력해도 괜찮다.

온종일 해낸 것이 없어도 괜찮다.

당신은 충분하다.
당신의 존재만으로.

힘들면 일단 쉬어라.
생각은 나중에 해도 괜찮다.

순리

너무 힘들고 지칠 땐
인생을 순리에 맡겨라.
그러면 어떻게든 흘러간다.

어떻게든 흘러가다 보면
생각지도 못했던 곳에서
다시 에너지를
얻을 수 있을 것이다.

인생이 아무리
고난의 연속이어도
하루하루 견디며

살다 보면 답은 있다.

어쩌면 고난의 연속이
또는 견디며 사는 것이
'인생' 일지도 모른다.

어쩌면 힘듦은

어쩌면 힘듦은 생각보다 별거 아닐 수도

어쩌면 힘듦은 생각보다 별거 아닌 걸 수도

어쩌면 힘듦은 생각보다 별거 아닌 존재일 수도

이렇게 말하다 보면

이렇게 생각하다 보면

"조금이라도 힘이 될까?" 해서

이렇게 말해본다.

이렇게 생각해본다.

위로와 칭찬

위로와 칭찬은

다른 사람이 아닌 자기 자신이 해주는 거래요.

그러니

다른 사람에게 칭찬받으려고 노력하지 말고

지금 자기 자신에게 칭찬 한번 해줘요.

"괜찮아, 잘했어."

위로하는 법

나는 위로하는 법을 잘 모른다.

그래서 말주변이 없는 나는
주변에 힘들어하는 친구가 있으면
무슨 말을 해줘야 할지 모르겠다.

많은 사람이 보통 힘들다고
하면 '힘내'라는 말을 해준다.

물론 이 말이 위로될 때도 있다.
그리고 이 말이 유독 듣고 싶을 때도 있다.

하지만 정말 지쳤거나
모든 것을 놔버리고 싶을 때는
힘내라는 말이 오히려 독이 될 수도 있다.

왜냐하면, 그때는 힘을 낼 힘조차
다 써 버렸을 때이기 때문이다.

그러므로 그때는 그냥 아무 말 없이
힘들다고 하는 소중한 이의 말을 들어줘라.

가끔은 거창한 위로의 말을 듣는 것보다
내 이야기를 누군가 열심히 들어준다는
것만으로도 많은 위로가 되기 때문이다.

가장 듣고 싶은 말 / 진심

당신이 지금 가장 듣고 싶은 말은 무엇인가?
당신이 힘들 때 가장 듣고 싶은 말은 무엇인가?

위로에는 정답이 없다.
단지 우리는 진심이
담긴 말을 '위로'라고 부른다.

그러므로 당신이 또는 우리가
소중한 사람에게 해줄 수 있는 최선의 위로는

소중한 사람이 힘들어할 때
자신이 가장 듣고 싶은 말을 해주는 것이다.
왜냐하면, 그 듣고 싶은 말에는 진심이 담겨 있기 때문이다.

여기서 중요한 것은 공감이 아닌 진심이다.
왜냐하면, 진심은 서툴어도 마음이 전해지지만
공감은 서툴면 잘 전해지지 않을 수도 있기 때문이다.

그러니 소중한 사람이 힘들어할 때
무슨 말을 해줘야 할지 모르겠다면

그 상황에 자신을 대입해서
가장 듣고 싶은 말을 진심으로 해주면 된다.

진심은 사람의 마음을 울리는 힘이 있다.
그래서 서툴어도 괜찮다.
그저 형식적인 위로라도 그 한마디에

진심이 담겨 있으면 그걸로 충분하다.

수고했어요

당신의 하루가 얼마나 고됐었는지
가늠할 수 없기에 감히 '수고'라는
표현을 사용하기가 조심스럽네요.
그래도 조금이라도 위로가 되었으면
하는 마음에 용기 내 진심을 담아
한마디 해봅니다.

"오늘 하루도 너무 수고했어요"

어둠이 몰려온다면

문득 찾아오는 어둠에
자기 자신을 놓치지 마라.

흔한 말일 수도 있지만
해가 지고 나면
다시 해가 떠오르듯이
시간이 다 해결해줄 것이다.

만약 눈앞이 캄캄해
아무것도 보이지 않는다면
그때는 그냥 자기 자신을 믿어라.

가뜩이나 믿을 사람 없는 세상인데
자기 자신을 못 믿으면 누구를 믿을 수 있겠나.

다른 사람들이 다 믿어주지 않아도
그런 나를 가장 믿어줘야 할 사람은
바로 나 자신이다.

진흙탕에 빠졌을 때 / 최선의 방법

진흙탕에 빠졌을 때
허우적거리면
더 깊이 빠지게 된다.

그래서 그때는 어쩌면
가만히 있는 것이
최선의 방법일 수도 있다.

진흙탕과 마찬가지로
걱정도 하면 할수록
더 빠져나올 수 없게 된다.

그래서 그때는 진흙탕에
빠졌을 때 가만히 있는 것처럼
잠시 생각을 멈추고 머리를 쉬게 해주는
것이 어쩌면 최선의 방법일 수도 있다.

시간이 지나면 다 괜찮아질 것이다.
모든 것이 제자리를 찾아갈 것이다.
그러니
너무 조급해하지 말고
천천히 해도 괜찮다.

– 불행한 일 / 불행한 일은 한꺼번에 온다

불행한 일은 항상 한꺼번에 몰려온다.

불행한 일을 많이 겪어본 사람은
무슨 말인지 이해하기 쉬울 것이다.

하지만 불행한 일이 왔다고 해서 좌절할 필요는 없다.

왜냐하면, 불행한 일들이 한꺼번에 오듯이
행복한 일들도 한꺼번에 오기 때문이다.
마치 비가 쏟아지고 난 뒤 하늘에 무지개가 뜨듯이.

그래서 나는 당신이 만약
지금 불행한 일의 연속이라면
그때를 그냥 즐겼으면 좋겠다.
마치 한 드라마의 주인공처럼.

왜냐하면
그 잠깐의 시간이 지나면
행복한 일들이 한꺼번에
몰려올 것이기 때문이다.

물론 불행한 일들이 갑자기
몰려오면 많이 힘들 것이다.
그리고 많이 지칠 것이다.

그러면 그때는 이 한 가지
사실만 기억해줬으면 좋겠다.
당신 곁에는 항상 묵묵히
기다려주고 응원해주는 이가 있다고.

그러니 힘들어도 포기하지 말라는 것이 아닌
힘들면 잠시 그 누군가에게 의지하고 쉬어가라고.
너무 행복해서 불행을 미리 걱정하는 당신을 위해
위에 이야기를 읽고
행복할 때 불행이 몰려올까 봐
미리 걱정하는 사람이 있을 수도 있다.
아니, 생각보다 많을 것이다.

그러면 나는 그 사람들에게
이 말을 전해주고 싶다.

당신이 진짜 행복할 때
행복한 다음에
불행한 일들이 찾아올까 봐
행복했던 것을 후회하지 않듯이

행복한 다음에
불행한 일들이 찾아올까 봐
미리 걱정하지 않아도 된다고.

도망치기 / 회피하기

살면서 적어도 한 번쯤은 모든
사람들에게 우울한 시기가 온다.

그때는 사는 것이 보통보다 더 힘들어
지거나 다 포기하고 싶어질 수도 있다.

그러면 그때는 그냥 도망쳐라.
그리고 그 상황을 회피해라.

왜냐하면, 그 시기가 오는 이유는 당신이

그만큼 열심히 치열하게 살았기 때문이다.
그래서 잠시 인생의 브레이크가 걸린 것이다.
그러니 그때는 그냥 쉬는 것이 맞다.

인생은 단거리가 아닌 장거리이다.

만약 장거리를 쉬지 않고
빠른 속도로 계속 뛰어간다면
중간에 체력이 부족해서 어쩔 수 없이
포기해야 하는 상황이 올 것이다.

도망쳐도 괜찮다.
회피해도 괜찮다.

만약 뒤처질까 봐 걱정된다면 지금
자기 자신에게 행복한지 한번 물어봐라.

– 소중한 존재 / 자기 자신

가끔은 자기 자신에게도
소중한 사람이 힘들어할 때
해주고 싶은 말을 해줘야 한다.

당신은 그 무엇보다
소중한 존재이기 때문이다.

가끔은 다른 사람보다 자기
자신을 먼저 생각해야 한다.

이것은 절대
이기적인 것이 아니다.
인간적이다.

많은 사람이
자기 자신이 아닌
다른 사람을 우선순위로 둔다.

그리고 자신을 위한 배려가
이기적이라고 착각한다.

그런데 이것은 많이 잘못된 것이다.
다른 사람에게는 몰라도 자신에게는
자기 자신이 우선순위여야 한다.

지금이라도 늦지 않았다.
잘못된 것을 바로잡기 위해

그동안 수고한 자기 자신에게
따뜻한 말 한마디를 해주자.

"그동안 너무 수고했어."

소중한 이유

우리는 소중한 이유가 없다.
자세히 말하면, 필요 없다.
왜냐하면, 당신은 그냥
소중하기 때문이다.
이유가 필요 없을 정도로.

우리는 당연한 것에
이유를 대지 않는다.
그리고 이유가 필요 없다.

하지만 소중한 존재인 것이
무언가의 이유가 될 수는 있다.

예를 들면,
"당신은 존중받아야 마땅하다.
왜냐하면, 당신은 소중하기 때문이다."
이렇게 말이다.
그러니 무언가를 못 한다고
특별히 잘하는 것이 없다고
사랑받을 자격이 없다고 생각하지 마라.

왜냐하면, 무언가를 못 하고
특별히 잘하는 것이 없어도
충분히 사랑받을 자격이 있으니까.

별

우리는 별이다.
새까만 밤하늘을 반짝이게 해주는.

만약 밤하늘에 별이 없다면,
그 밤은 허전하고 심심할 것이다.
그리고 무엇보다 외로운 밤이 될 것이다.

하지만
밤하늘에 별이 한 개라도 있다면
그 밤은 기분 좋은 밤이 될 것이다.

그 별의 모양은 중요하지 않다.

다만 그 존재가 중요한 것이다.

별이 많으면 많을수록

밤하늘은 더욱 빛난다.

탓

자신의 틀에 갇혀 자기 자신을 나무란다. 다른 사람이 보기에 충분히 잘하고 있는데도 그것은 부족하다며 자기 자신을 벼랑 끝으로 몰아넣는다. 나는 그런 사람들을 볼 때, 그 사람들에게 그것은 잘못된 것이라고 탓하고 나무라기보다는 당신을 그렇게 만든 세상을 탓할 것이다. 당신은 잘못한 거 하나도 없다. 그저 해야 할 일을 했을 뿐이다. 그동안 정말 열심히 살아왔으니 이제는 조금 쉬었으면 좋겠다.

쉼

우리는 살아가면서
열심히 사는 것도 중요하지만
때로는 열심히 쉬는 것도 필요하다.

하지만
바쁘게 돌아가는 세상 때문인지
우리는 쉴 때도 걱정을 한다.

" 지금 쉴 때가 아닌데…
다른 사람들은 지금도
무언가를 하고 있을 텐데…
뒤처지면 어떡하지…"

당신이 쉴 때 아무 생각도 안 하고
아무것도 안 해본 적이 언제인가?

물론 누군가에겐
게임을 하는 것이,
또 누군가에겐
운동하는 것이
쉬는 것일 수도 있다.

하지만 내가 여기서 말하고자 하는
진정한 쉼은 아무것도 하지 않는 것이다.

즉, '몸과 정신이 에너지를
소모하지 않는 상태'를 의미한다.

이때 우리는 이 상태에 익숙지 않아서
지루하다고 느낄 수도 있다. 하지만
이것이 우리의 몸과 정신에는 진정한 쉼이다.

왜냐하면, 게임을 하거나 운동을 할 때
재밌다고 느낄 수는 있으나 몸과 정신은
쉬지 못하고 에너지를 소모하고 있기 때문이다.

그래서 나는 잠시라도
경치 좋은 곳이나 집 앞 공원에 가서
아무 생각도, 아무것도 하지 않는 쉼을
추천하고 싶다.

고통의 크기

우연히 유튜브에서
어떤 영상 하나를 봤다.

그런데 거기서
마음을 다친 사람은
교통사고를 당한 사람의
고통과 비슷하다고 했다.

그래서 마음을 다친 사람을
위로해줄 때는 교통사고를 당한 사람을
위로해주듯이 해줘야 한다고 했다.

나는 이 말을 듣고 깜짝 놀라

몇 초 동안 머릿속이 하얘졌다.

왜냐하면, 둘의 고통 크기가
비슷할 것이라고는
상상도 못 했기 때문이다.

그래서 이 이야기를 듣고 난 뒤
마음을 다친 사람이 어떠한
심정인지 더 잘 이해가 되었다.

나는 오랜 시간 고민 끝에
고통의 크기는 중요하지 않다는
결론을 내렸다.

왜냐하면, 다른 이와 비교해서
자신의 고통이 크든 작든
힘든 건 마찬가지이기 때문이다.

– 실수

살다 보면 누구나 실수를 한다.

우리는 완벽하지 않은 존재이기 때문이다.

하지만 그 실수를 딛고

한 발자국 더 나아갈 것인가,

한 발자국 뒤로 갈 것인가의

결정은 자신의 몫이다.

동물들은 생각할 수 없다.

그래서 우리가 흔히 말하는 '실수'를 해도
그들은 죄책감을 느끼기는커녕
무엇을 잘못했는지조차 인지하지 못한다.

실수와 자책은 인간이기에 할 수 있다.
그래서 어떻게 보면
실수와 자책은 큰 의미가 있다.

많은 사람이 실수로 인한 자책을 한다.
어쩔 수 없는 것인데. 당연한데.

그래서 나는 실수로 인해 자책하고 있을
누군가를 위해 이 말을 해주고 싶다.

인간이라면
누구나 실수를 하니
실수해도 괜찮다고.

실수도 실력?

앞에서 말했듯이
실수는 인간이라면
누구나 할 수 있다.

하지만 우리는
이 사실을 자각하지 못한 채
'실수도 실력' 이라는 말을 자주 한다.

많은 사람이
'실수도 실력' 이라는 말을

들어본 적이 있을 것이다.

이 말이 언뜻 들으면 맞는 말 같지만
이 말의 뜻을 들여다보면
우리가 실수를 컨트롤 할 수 있다는 것처럼 들린다.

한 가지 정확한 사실은
우리가 실수를 컨트롤 할 수 없다는 것이다.
마치 우리가 날씨를 컨트롤 할 수 없는 것처럼.

그런 우리가
주변 사람에게 이 말을 자주 듣고 자주 한다.
특히 중요한 시험을 앞두고 있을 때.
물론 이 말을 자주 하는 사람들의
심정이 이해되지 않는 것은 아니다.

열심히 준비했는데
실수해서 망치게 되면
얼마나 아깝고 아쉬운지.

하지만 그것도 결국 자신이 책임지면 되는 것이다.

그때는 자책하지 않고 그냥 그것을 책임지면 된다.

책임을 지는 것도
용기가 필요하고
충분히 용기 있는 일이다.

실수했다고 자책하지 마라.
그것을 책임지는 것만으로도
당신은 이미 충분히 훌륭한 사람이다.

– 드라마

오늘 드라마를 한 편 봤는데
그중에 인상 깊은 말이 있었다.

"인생은 짧아.
그러니까 사는 데 애는 쓰되,
견디기 힘든 거 굳이 견디려고 하지 마.
견디기 힘든 사람, 사랑, 기타 등등…"

이 말을 듣고 길게 보면 길고
짧게 보면 짧은 인생을 살면서
사소한 것에도 계속 걱정하던

내 모습이 떠올랐다.

나는 도대체 무엇 때문에
그렇게 걱정을 해왔던 것일까.

물론 이것이 그냥 나의 성격일 수도 있지만, 원인이 궁금했다.
나는 깊게 생각하지 않는 이상 그 원인을 알아낼 수가 없었다.
왜냐하면, 오래전부터 걱정들이 내 마음속에 자리 잡아왔기 때문이다.
그래서 어쩌면 걱정이 하나의 습관이 된 것일 수도 있다.

다시 본론으로 돌아와,
내가 생각하기에 인생은 짧다.
왜냐하면, 우리의 앞날은
우리가 알 수는 없기 때문이다.
그리고 오래 산다 해도 기껏해야 100년이다.

그런 순간인 인생에서

행복한 것과 좋은 것만
보고 듣고 느끼기에도 짧다.
그러니 견디기 힘든 것까지
굳이 견디려고 애쓰지 마라.

공감

공감이란,
남의 감정, 의견, 주장에 대하여
자기도 그렇다고 느끼는 것이다.

나는 공감하는 거 하나는 자신이 있다.
왜냐하면, 자신의 감정을 그냥
솔직하게 표현하면 되는 것이기 때문이다.

공감에 대한 내 이야기를 하나 하자면,

나는 리액션을 많이 하는 편이다.
그런데 친구들이나 친한 사람들에게

리액션에 영혼이 없다는 말을 종종 듣는다.

리액션을 할 때
그런 생각을 안 해봐서 몰랐는데
그런 말을 종종 듣고 나니까
무슨 말인지 이해가 되는 것 같다.

나는 리액션이 말하는 사람을
위한 하나의 배려라고 생각한다.
그래서 이야기를 들을 때 리액션을
더 열심히 해주려고 노력을 했다.

그런데 모든 사람의 이야기에 리액션을
열심히 해주고, 해주려고 노력하다 보니
그것이 하나의 습관이 되어버린 것 같다.

그래서 지인들이 종종 내 리액션에
영혼이 없다고 느끼게 된 것 같다.

그래서 나는 앞으로 듣는 이와 말하는 이가

모두 좋다고 느끼는 리액션에 대해 고민해보려고 한다. 그리고 리액션에 조금 더 영혼을 담아서 말하는 이가 느끼기에 조금 더 진실한 리액션을 해주기 위해 노력할 것이다.

공감하는 법

내가 살면서 느낀 위로의 팁은 공감하는 것이다.

아무리 위로에 서툰 사람이라도
공감하는 것만으로도 누군가에게
충분히 위로되고 되어줄 수 있다.

왜냐하면, 우리는 감정이 있기 때문이다.

더 나아가서 내가 생각하기에
공감을 잘하는 법은 그 상황에
자신을 대입하는 것이다.

만약 내가 이런 상황에 부닥쳐 있었다면

어떤 기분이었을까?
나는 어떻게 행동했을까?
어떤 말을 가장 듣고 싶었을까?

이렇게 차근차근 하나씩 생각하다 보면
퍼즐 맞추듯이 위로의 방법도 알게 될 것이다.

위로가 서툰 사람에게 처음은 누군가를
흉내 내는 것일 수도 있지만, 시간이 지나면서 그
흉내 내는 것이 점점 자신에게 맞게 변할 것이다.

그리고
그것이 점점 자신의 색깔을 찾으면서
온전히 자신의 것이 되는 것이다.

그러니 소중한 사람이 힘들어하는데
어떻게 해야 할지 모르겠다고
좌절할 필요도 걱정할 필요도 전혀 없다.

모방

누군가를 모방하는 것이 나쁜 것만은 아니다.

왜냐하면, 그 과정을 통해 자기
자신과 더 가까워질 수 있기 때문이다.

우리가 누군가를 따라 하려고 할 때
그 사람을 완벽히 따라 하는 것은
불가능하다는 것을 이내 곧 깨닫게 된다.

그리고 자신이 '이런 것을 잘했구나, 못했구나'
하며 자기 자신에 대해 더 많이 알아가게 된다.

그러면서 우리는 자기 자신과
더 가까워지게 되는 것이다.
그래서 나는 모방을 나쁘게 생각하지만은 않는다.

왜냐하면, 우리는 결국 모두가 달라서
다른 사람을 흉내 낼수록 자신의 본 모습에
더 가까워지고 찾아가게 되기 때문이다.

고난은(도?) 겪어본 사람이 더 잘 아는 법

무언가를 경험해본 사람이 더 잘
안다는 말이 있듯이 고난도 마찬가지다.

고난도 많이 겪어본 사람이
고난을 겪는 사람의 심정을 더 잘 안다.

그래서 고난을 많이 겪어본 사람이 해주는
위로나 조언이 더 마음에 와닿는 법이다.

왜냐하면, 그 아픔을 직접 느끼고 겪었기 때문이다.
그래서 그 심정을 누구보다 더 잘 알 수밖에 없다.

감정에 가장 중요한 시기 / 감정에 가을이 찾아왔을 때

가끔 감정에 가을이 문득 찾아온다.
감정에 가을이 찾아오면
가을 타는 사람처럼 감성에 젖는다.

그때는 비 올 때일 수도 있고
오랜만에 추억의 장소에 갔을 때일 수도 있다.
사람마다 그 포인트가 다르고 다양하다.

이 시기는 보통 지쳤을 때 많이 오는데

그때는 자신의 감정에 가장 솔직해지는 때이다.
왜냐하면, 그때는 감정이 예민해지기 때문이다.
그래서 평소에는 잘 울지 않던 사람이 눈물이 많아질 수도 있고,
감정이 많지 않았던 사람이 갑자기 많은 감정을 느낄 수도 있다.

그런데 그때는 평소처럼 그 감정을 숨기려 하면 안 된다.
울고 싶을 땐 울고, 웃고 싶을 땐 마음껏 웃어야 한다.

만약 당신이 느끼기에 감정에 이 시기가 온 거 같으면
그때는 그냥 감정을 솔직하게 표현해주면 좋을 것 같다.

울어도 괜찮아요

울어도 괜찮아요.

눈물이 존재하는 이유는 힘들 때 조금이라도 울라고.

그래서 그 흘러간 눈물처럼 그 힘듦을 조금이라도 덜라고.

그래서 눈물이 존재하는 거예요.

그러니 울고 싶을 땐 마음껏 울어도 돼요.

우울

우울한 건 그 누구의 탓도 아니에요.
그저 자연스러운 거예요.

지금은 그 늪에서 영영 못 빠져나올 것 같은 기분일 거예요.
하지만 비가와도 언젠간 그치고 무시개가 뜨듯이.
빛이 존재하지 않을 것 같던 밤에도 아침이 오고 해가 뜨듯이.
당신의 우울도 언젠간 멈추고 당신의 얼굴에 웃음이 뜰 거예요.

그러니 너무 걱정하지 말아요.

모든 감정은 소중하다

모든 감정은 소중하다.
행복, 우울, 분노, 좌절, 사랑, 아픔 등등.

가끔은
분노가 인생의 터닝포인트가 될 수도 있고
행복이 인생의 터닝포인트가 될 수도 있다.

터닝포인트가 된다는 것은
그만큼 우리의 인생에
많은 영향을 끼친다는 것을 의미한다.

그런 감정을 우리는
당연하게 여기고

소중하게 여기지 않는다.

감정은 돈으로 살 수 없다.
왜냐하면, 인간의 생각으론 감정의
가치를 가늠할 수 없기 때문이다.

그래서 나는 당신이
지금부터라도 그때그때의
자신의 감정에 솔직하고
그 감정을 즐기면 좋겠다.

잠시 머물다 가는 존재

감정도 잠시 머물다 가는 존재다.
마치 버스가 정거장에 잠시 들렀다가
다른 정거장으로 가는 것처럼.

그 버스가 지나간 뒤 아쉬워하지 말고
그 버스가 지나가기 전에 미리 준비해라.
감정을 받아들이고 외면하지 않을 준비를.

다름의 조화

우리는 모두 다르다.

생김새부터 시작해서 하나부터 열까지.

그런데 우리는

그래서 더 조화롭다.

그리고 더 잘 맞는 것이다.

왜냐하면, 서로가 다르기 때문이다.

그래서 서로에 대해 잘 모르기 때문이다.

마치 퍼즐이 완전히 다른 모양끼리 맞춰지는 것처럼.

자석이 같은 극끼리는 서로 밀치고 다른 극끼리 붙는 것처럼.

인간은 모르는 것 또는 새로운 것에 기본적인 궁금증을 가지고 있다. 그런 우리의 특성 아닌 특성 때문에 예측할 수 없는 사람이 나타나면 궁금증이 가장 먼저 생길 것이다. 그리고 더 알고 싶어질 것이다.

마치 우리가 드라마나 웹툰의 다음 화가 궁금해서 계속 보는 것처럼.

그래서 나는 사람들이 이러한 특성 아닌 특성 때문에 자신과 완전히 다른 사람에게 더 끌린다고 생각한다. 그리고 '조화'라는 단어가 같거나 비슷한 것보다 완전히 다른 것에 더 잘 어울린다고 생각한다.

참치

나는 고양이를 좋아한다.

그래서 길을 가다가
우연히 길고양이를 마주치면
그날은 온종일 기분이 좋다.

집 근처에서 자주 마주치는
노란색 고양이가 한 마리 있는데

그 고양이는
사람을 많이 경계하지 않는 것 같다.
그리고 엄청나게 귀엽다.

‘참치’라는 이름도 지어주었는데
마음에 들어 했으면 좋겠다.

참치에게 고양이 밥을 준 적은 있지만
냥 펀치가 무서워 쓰다듬어 준 적은 없다.
참치는 너무 귀여워서
보기만 해도 흐뭇해진다.

배스킨라빈스

배스킨라빈스에는 많은 종류의 아이스크림이 있다.
그런데 힘듦의 종류도 배스킨라빈스의 아이스크림 종류만큼 다양하다.
그래서 조금 단호하게 말하면 우리가 힘듦을 피해 갈 방법은 없다.
하지만 그렇다고 실망할 필요도 없다.
왜냐하면, 힘듦의 종류가 많은 만큼 행복의 종류도 많기 때문이다.

히어로 영화 / 주인공

히어로 영화를 보면 그들은 고난과 시련을 통해 한층 더 성장한다.
이처럼 우리는 힘들 때 성장한다.
그러니 힘들 땐 성장 게임을 하는 중이라고 생각해보면 어떨까?
그리고 자신이 히어로 영화의 주인공이라고 생각해보면 어떨까?

그런데 이 말이 아예 틀린 말은 아니다.
우리는 각자 인생의 주인공이다.
주인공은 특별하다. 우리도 특별하다.
왜냐하면, 우리는 우리 인생의 주인공이기 때문이다.

옷 정리

나는 보통 할 일이 없을 때나 다했을 때
정리하기 귀찮아서 의자 위에 걸어 놓았던
옷들을 모아서 한 번에 정리한다.

그런데 나는 시간 거정 없이 귀찮아서
미뤄두었던 옷 정리를 좋아하는 노래를
들으면서 하는 그때가 참 좋다.

왜냐하면, 그때는 아무 생각 없이 무언가에
온전히 집중할 수 있는 유일한 시간이기도 하고,
가끔은 별거 아닌 것들의 사색에 잠길 수 있는
유일한 시간이기도 하기 때문이다.

굳이 좋은 이유를 하나 더 꼽자면, 옷 정리를 끝내고 나면 방이 새것처럼 깨끗해져 있는데 그 모습을 보면 그냥 기분이 좋아진다. 그리고 헝클어져 있던 옷을 정리함으로써 내 머릿속에 있던 복잡한 생각들도 정리가 되는 듯한 기분이 든다.

가끔은 아무 생각 없이 좋아하는 노래에 필(feel)을 맡긴다. 가끔은 아무 생각을 하며 많은 것을 깨닫는다. 그래서 그 시간은 나에게 의미 있고 자유로운 시간이다. 그리고 나는 흥이 나는 노래를 듣고 있지만, 그때는 나에게 고요한 시간이다. 여기서 고요함은 나에게 고독함을 가져다주는 것이 아닌 안온함을 가져다준다.

불안

불안은 생각과 같아서
한번 불안감이 엄습하면
꼬리의 꼬리를 물어
끝도 없이 불안해진다.

마치 생각을 한번 시작하면 끝이 없듯이.

그래서 불안한 생각을 하기 싫다면
불안의 초기 때 생각을 멈추어야 한다.

유독 걱정이 많은 사람이 있다.

그 사람은 고민도 많을 것이다.
가끔은 그런 자신이 미울 수도 있다.

사실 나도 걱정이 많은 사람 중의 한 명이다.

그런데 그 사람들은 넓은 시야를
가지고 있다. 마치 천리안과 같은.
그래서 지금 일어나지 않은 일들까지
미리 생각하기에 걱정하게 되는 것이다.

나는 걱정이 많은 사람들에게
한가지 바람이 있다.
그런 자신을 미워하지 말고
자랑스럽게 여겼으면 좋겠다.

왜냐하면, 그것은 어쩌면 다른 사람들보다
한 가지 재능을 더 가진 것이기 때문이다.

이 말은 걱정이 많아 고생하고
있는 사람들에게 해주고 싶은

말이기도 하지만 그런 사람 중에
한 명인 나에게도 해주고 싶은 말이

나는 당사자이기 때문에
걱정이 많은 사람들의 고충을
누구보다 잘 알고 있다.

내 의지와는 상관없이
일어나지 않은 일들을 미리 걱정한다.
그리고 걱정이 꼬리의 꼬리를 물어
그 일들이 일어날까 봐 불안해한다.

나는 우리가 불안을 멈출 수 있는
방법은 생각을 멈추는 것으로 생각한다.
왜냐하면, 불안도 하나의 생각이기 때문이다.
그래서 생각을 멈추면 불안도 같이 멈출 것이다.

그래서 나는 앞으로 '깊게 생각하기'
노력이 아닌 '생각 안 하기' 노력을 하려고 한다.

할 수 있는 것과 할 수 없는 것

불안에 사로잡히고 싶지 않을 때
'생각 안 하기' 말고도 다른 방법이 하나 있다.

그것은 바로 '할 수 있는 것과
할 수 없는 것'을 구분하는 것이다.

살다 보면 가끔 많은 생각이 들 때가
있는데 그때는 예고도 없이 찾아온다.

그런데 그때 할 수 있는 가장 좋은 방법은
바로 앞에서 말한 자신이 할 수 있는 것과

할 수 없는 것을 구분하는 것이다.

그리고 그것을 구분한 뒤에
할 수 없는 것을 어떻게 해보려고 하지 말고
할 수 있는 것을 생각하고 하면 된다.

그러고 나면 마음이 한층 더 편해질 것이다.

우리는 보통 우리가 바꿀 수 없는 것들을 걱정한다.

그러므로 걱정은 끝이 없고 걱정을
한다고 해도 나아지는 것이 없다.

하지만 많은 사람이 걱정하면
마음의 짐이 덜어지는 것처럼 걱정한다.

그래서 나는 사람들이
생각으로만 마음의 짐을 더는 것이 아닌
진짜로 마음의 짐을 덜었으면 좋겠다.

의식

많은 사람이 자신의 마음보다
겉모습을 더 중요하게 생각한다.
그리고 겉모습만 열심히 꾸민다.

하지만 우리는 항상 꾸민 채 살아갈 수는 없다.

이것은 자신을 맞지 않는 상자에 가둔 것과 같다.
그리고 그럴수록 힘든 사람은 바로 당신이다.

그러니 지금부터라도 다른 사람들이 나를
어떻게 생각할 지보다 스스로가 자신을

어떻게 생각하는지를 먼저 생각했으면 좋겠다.

연고

겉은 번지르르하지만
속이 곪아있는 사람이 많다.

그때는 연고가 필요하다.
마치 상처가 났을 때처럼.

그런데 많은 사람이 그걸 내버려 둔다.
그리고 너무 아파 견딜 수 없을 때
비로소 그 상처 난 마음을 조금 알아준다.

하지만 상처가 났을 때는
연고를 제때 발라줘야 한다.

그렇지 않으면 효과가 떨어진다.

연고를 너무 늦게 바르면
그땐 결국 효과가 없을 수도 있다.

그래서 나는 당신이 당신의 마음을 누구보다
잘 아는 사람이 되어서 상처가 났을 때 연고를
제때 발라줄 수 있는 사람이 되었으면 좋겠다.

고민

우리는 항상 고민한다.
신중한 사람일수록
더 많이 고민한다.
고민하는 것은 좋은 것이다.

왜냐하면
무언가를 깊게 생각함으로써
한층 더 성장할 수 있기 때문이다.
걱정과 고민은 다르다.

고민은 더 좋은 선택,
즉 최선의 선택을 하기 위해서 하는 것이다.

그래서 고민도 성공처럼
우리 자신을 위해서 하는 것이라고 볼 수 있다.

고민한 뒤에 우리는 얻는 것이 있다.
그것은 바로 '더 나은 선택'이다.
그래서 고민은 가치가 있다.

하지만 걱정은 고민과 다르다.
걱정은 가치가 없다.
왜냐하면, 우리가 걱정을 통해
얻을 수 있는 것이 없기 때문이다.

걱정은 불안만 만들 뿐이다.

그래서
나는 사람들에게 걱정보다는
고민하라고 추천해주고 싶다.

초심 初心

많은 사람이 다른 사람들은 존중해주면서
정작 가장 중요한 자기 자신은 존중해주지 않는다.
행복해지고 싶은 이유는 "자신을 위해서"면서…

그때마다 "가장 핵심을 놓쳤다"라는
생각이 많이 든다. 그 포인트를 '초심'이라고
할 수 있다.

많은 사람이 처음에는 목표를 향해 열심히
달리다가 너무 열심히 달리는 바람에 처음의
목적을 잃어버린다.

하지만 초심을 잃는 순간, 방향도 잃게 된다.
왜냐하면, 그동안 열심히 달려온 이유가 초심에
있기 때문이다. 그래서 초심이 중요한 것이다.

다시 본론으로 돌아와, 당신이 지금까지
열심히 달려온 처음의 이유를 생각해봐라.

나는 "나를 위해서"였다. 하지만 언제부턴가
그 이유를 까먹고 그냥 열심히 달리고 있었다.
그래서 몸과 마음도 더 힘들었던 것 같다.

하지만 그 사실을 깨달은 지금의 나는 무언가를
할 때, 그것을 아무리 오래 했어도 처음에 가졌던.
마음가짐으로 임하려고 노력한다. 그리고 항상
그 이유와 목적을 잊지 않으려고 노력한다.

SNS / 사람과 사람 사이의 관계

SNS라는 공간에서는 아예 모르는 사이이다가도 어쩌다 '좋아요' 한 번 누른 것을 통해 인연이 될 수도 있다. 이것이 SNS의 큰 장점이자 단점이다.

예전에 SNS를 활성화해준 휴대전화가 없었던 시대로 가보면 다른 나라 또는 다른 지역 사람들과 연락은 물론이고 만나는 것조차 어려웠을 것이다. 하지만 그만큼 아는 사람과의 관계나 사이가 더 돈독하고 깊었을 것이다. 지금처럼 '팔로우 취소'를 누르면 그 사람과의 관계도 끊어지는 그런 관계와는 사뭇 다른.

SNS를 통해 연락이 쉽고 빨라진 대신 사람과 사람 사이의 관계도 쉽고 빠르게 바뀐 것이다. 그렇다고 해서 나는 SNS를 나쁘게 생각하지만은 않는다. 왜냐하면, 휴대전화의 발명으로 우리도 이만큼 발전하고 삶이 더 편리해졌기 때문이다.

그래서 내가 여기서 전하고자 하는 말은 '사람과 사람 사이의 관계를 조금 더 신중하게 생각하자.' 이다. 왜냐하면, 앞서 말했듯이 휴대전화의 발명과 동시에 SNS의 발전으로 사람과 사람 사이의 관계가 전보다 가벼워졌기 때문이다.

물론 가끔은 가볍고 쉬운 관계도 필요하다. 하지만 이와 마찬가지로 솔직하고 깊은 관계도 필요하다. 왜냐하면, 우리의 본 모습이 있는데 언제까지나 가면을 쓰고 지낼 수는 없기 때문이다. 그래서 나는 사람들이 사람과 사람 사이의 관계를 조금 더 신중하게 생각했으면 좋겠다. 이것은 나를 위해서, 당신을 위해서, 그리고 우리 모두를 위해서다.

도전

나는 최근에 도전에 대해
다시 한번 깨닫게 된 계기가 있다.

어느 주말에 오랜만에
가족들과 밥을 먹으러 밖으로 나왔다.
그런데 메뉴를 정하지 않은 터라
일단은 먹자골목을 돌아다녔다.

그렇게 계속 돌아다니다가
아빠가 어떤 큰 고깃집에 차를
세우고 우리에게 내리라고 했다.

그런데 동생과 나는 한 번도 안 가본
곳이었기 때문에 일단 반대를 했다.
왜냐하면, 그 집 고기 맛을 모르는 상태였고
우리 입맛에 안 맞을 수도 있기 때문이다.

사실 본질적인 한가지 이유는 '(도전을) 실패할까 봐'
였다.

그래서 아빠에게 말했다,

"여기가 어디야? 다른 데서 먹자.
여기 한 번도 안 와봤잖아. 맛없으면 어떡해?"

그리고 아빠는 이렇게 대답했다,

"한 번도 안 먹어봤잖아. 그거는 먹어봐야 알지."

맞는 말이었기 때문에 우리는
어쩔 수 없이 일단 차에서 내렸다.

그리고

고기를 시켜 먹었는데 정말 맛있었다.

엄마, 아빠, 나, 동생 모두가 만족했다.

그리고 배불리 먹었다.

이 계기를 통해 나는 도전에

대해 다시 한번 깨닫게 되었다.

만약 우리가 실패할까 봐

도전조차 안 했나면

이 맛있는 고깃집을 영영 몰랐을 수도 있다.

그리고 매일 먹었던 것만 먹었을 것이다.

왜냐하면, 그 선택이 안전하기 때문이다.

하지만 우리는 위험을 감수하고 도전했기 때문에

새로운 맛있는 고깃집을 발견할 수 있었다.

만약 그 고기가 맛이 없었어도

그것은 실패가 아닌 새로운 정보를 얻은 것이다.

그리고 다음에는 그 고깃집을 안 가면 되는 것이다.

그래서 나는 당신이 실패가 두려워도

무엇이든 그냥 도전해봤으면 좋겠다.

왜냐하면, 내가 무언가를 새로 도전했을 때를

생각하면 안 좋았던 기억보다 무언가를 새로

배우고 좋았던 기억이 더 많이 나기 때문이다.

모든 것 / 홀로서기

모든 것을 혼자 해내려고 애쓰지 마라.

인생을 바다라고 하면
파도를 혼자 감당해내기엔 버겁고 힘들다.
그것을 혼자 이겨내기엔
불가능할뿐더러 지치기만 할 것이다.

그때는 보트나 배를 타고 가고
있는 사람에게 잠시 의지하는 것도
인생을 살아가는 방법의 하나다.

물론 인생을 살아가면서

혼자 해내야 하는 순간들도 많다.
아마 인생의 절반은 그럴 것이다.

하지만 그렇다고 혼자 해낼 수
없는 것, 애초에 불가능한 것까지
혼자 해내려고 무리하지 마라.

가끔은 도움도 청하고
너무 힘들면 힘들다고 말해라.

계속 그저 버티기만 하면
해결되기보다는 애꿎은
당신의 마음만 계속 곪아갈 것이다.

가을바람

나는 원래 사계절 모두 좋아했다.
그런데 오늘 새로운 사실을 하나 깨달았다.

나는 가을이 좋다.
쌀쌀한 가을바람 때문에.

쌀쌀한 가을바람 때문에
차들의 시동 소리,
나무가 흔들리며 낙엽끼리 스치는 소리,
이 모든 소리가 조화롭게 들린다.

나는 쌀쌀한 가을 공기도 좋다.

가을 공기는 새벽 공기와 닮았다.

그래서 가을에는 새벽 공기로 하루를 보낼 수 있다.

가을 공기는 조금 차갑지만 엄청나게 상쾌하다.

약간의 추움과 옷의 따뜻함의 조화가 아주 좋다.

겨울

겨울,
진심을 전하기 가장 좋은 계절.
춥지만 가장 따뜻한 계절.

겨울은 좋아하는 사람에게 진심을 전하기 가장 좋은 계절이다. 왜냐하면, 겨울은 춥기 때문이다. 그래서 겨울에는 그 사람을 걱정하는 마음을 들키지 않고 담백하고 솔직하게 전할 수가 있다. 예를 들면, "요즘 추운데 옷 따뜻하게 입고 다녀요." 또는 "감기 조심해요." 등등….

이 말이 형식적으로 들릴 수도 있지만, 누군가는 좋아하는 사람에게 이 형식 뒤에 자신의 마음을 담아 진심을 전한다. 그래서 나는 겨울이 진심을 전하기 가장 좋은 계절이라고 생각한다.

그리고 그 문장에 어떤 의미가 담겨 있든 그 말을 들으면 마음이 따뜻해지는 것을 느낄 수 있다. 마치 그 사람의 온기가 전해지듯이. 그렇기에 나는 겨울이 춥지만 가장 따뜻한 계절이라고 생각한다.

추운 여름, 더운 겨울

추운 여름, 더운 겨울

이 한 문장은 모순적이다.
마치 이 그림처럼.
그런데 내가 인디 음악을
좋아하는 이유도 이러하다.

특히 "스물다섯, 스물하나" 라는 곡을 처음
들었을 때의 그 감정을 말로 설명할 수가 없다.

자전거를 타면서 몇 번이나 반복해 들었던.

마음에 가을이 찾아온 듯한 느낌이 들었던.

가을 중에서도 하필 늦가을이었던.

한편으로는 잊고 싶었으나

한편으로는 잊고 싶지 않았던

복잡미묘한 그 감정.

나는 차가운 바람을 가르며

자전거를 탈 때 이 노래를 들으면

아직도 그 감정이 생생하게 기억난다.

삶

삶이란,

바르게 살다 가도 나쁜 길로 갈 수 있고

나쁘게 살다 가도 바른길로 갈 수도 있고

바르게 살다가 그렇게 가는 사람도 있고

나쁘게 살다가 그렇게 가는 사람도 있다.

이것만으로 삶을 정의할 수는 없지만

하나의 작은 예를 들면 이렇다는 것이다.

그리고

이것을 통해 알려주고자 하는 것은 삶은

아무것도 아무도 예상할 수 없다는 점이다.

인생 1

인생을 치열하게 살다 보면
문득 드는 생각이 있다,
"인생이란 무엇일까?"

이 질문에 정해져 있는 답은 없다.
'객관식'이 아닌 '서술형'이기 때문이다.

그래서 모두의 답이 다르다.
마치 모두의 인생이 다르듯이.

그리고 당신이 적은 답이
정답이 될지 오답이 될지는
당신에게 달려있다.

당신이 생각하기에
정답이면 정답이다.
당신이 생각하기에
오답이면 오답이다.

다른 사람들이 그 답에 대해 어떻게 생각하던
간에 당신만이 그 인생의 정답을 정할 수 있다.

인생 2

우리는 목적지도 모르는 채 그냥 달린다.

'다른 사람들도 다 이렇게 산다'라는 조금의
위안 아닌 위안으로 계속 그렇게 살아왔다.
그리고 아마 그렇게 계속 살아갈 것이다.

나는 그동안 인생이 다 그런 건 줄 알았다.
많은 사람이 다 그렇게 사니까
당연히 그렇게 살아야 하는 건 줄 알았다.
나는 너무 어렸기에, 아직도 어리지만.

물론

누군가에겐 그 삶이 정답일 수도 있지만
누군가에겐 그 삶이 정답이 아닐 수도 있다.

오히려 그 삶이 맞지 않는 누군가에겐
소중한 재능을 잃어버리게 되는 길일 수도 있다.

우리는 그동안 다른 사람들의 삶을 따라 살아왔다.
왜냐하면, 자신 인생의 결정을 자기 자신이
하는 것이 아닌 다른 사람의 삶이 해왔기 때문이다.

하지만 당신은 조연이나 엑스트라가 아닌
주연이다. 당신의 인생에 주인공인 주연.

그래서 나는 당신이 이제부터라도
자신이 인생의 주연인 삶을 살았으면 좋겠다.
다른 사람 눈치 안 보고 좋아하는 것,
해보고 싶은 것 다 도전해봤으면 좋겠다.

인생 3

인생은 실패도 해보고
성공도 해보기에 충분하다.

다시 말해 (쉽게 말해?)

넘어져도 보고 일어서도 보고,
대충 살아도 보고 열심히 살아도 보고,
막살아도 보고 잘살아 보기에도

충분하다는 말이다.

한번 사는 인생인데 실패
한 번쯤은 해봐야 하지 않겠는가?

나는 우리의 인생이 만약 영화라면
실패를 한 번도 안 해본 인생의 영화는
재미가 없을 것 같다.

그리고 죽기 전에
최대한 많은 경험을 해보는 것이
결국, 가장 후회가 덜한 삶 아닌가.

예를 들어, 바쁘게 일한다고
외국 여행 한번 못 가보고 죽으면
그야말로 얼마나 후회가 되겠는가.

그래서 나는 당신이 못하는 것에
이것저것 핑계를 대는 대신
하고 싶은 것이 있으면 그냥 되든
안되든 최대한 해봤으면 좋겠다.

인생은 꽃(이다) / 인생=꽃

인생은 꽃이다.

가끔 피었다 지는.

꽃이 피었을 때가 인생에 좋을 때라면,

꽃이 지었을 때가 인생에 힘들 때다.

하지만 꽃이 질 때가 없으면 꽃이 필 때도 없다.

지금

당신의 인생이 지는 때라면,

곧 피는 때가 올 것이다.

이것은 순리이기 때문에

아무리 기다려도 피는 때가 오지 않는다고

걱정할 필요 전혀 없다.

인생의 열매가 맺히기까지는

무한한 노력이 필요하다.

여기서 열매란 큰 결실을 의미한다.

‘피었다 지었다’ 를 여러 번 반복하고 나면

언젠간 당신의 인생에도 열매가 맺힐 것이다.

.

.

.

그렇기에 인생은 꽃이다.

인생은 한약(이다) / (인생=)한약

만약 인생을 한 단어로 표현한다면 ‘한약’이다.

인생이 쓰지만 사는 것만으로도 배움이 있어서 마냥 쓰지만은 않은.

마치 한약이 써서 억지로 마시지만, 몸에는 좋은 것처럼.

젊음과 늙음

젊음이 소중한 이유는 처음
경험해보는 것들이 많기 때문이다.

하지만 그렇다고 늙음이 소중하지 않다는 것이 아니다.
단지 나이가 들면 많은 것이 무뎌진다는 것이다.
왜냐하면, 그만큼 이미 많은 것을 경험해봤기 때문이다.

예를 들면 감정, 행동, 열정.
이런 것들이 나이가 들면서 많은
경험으로 인해 흥미가 떨어진다.

쉽게 말해 처음 감정을
더는 느끼지 못한다는 것이다.

대신 늙음은 우리에게 지혜를 준다.

왜냐하면, 그만큼 많은 경험을 해봤기 때문이다.
그렇기에 지식도 자연스레 쌓이는 것이다.
그리고 우리는 이것을 흔히 '어른'이라고 한다.

그래서 우리가 젊었을 때 해야 할 일은
다양한 감정을 최대한 많이 느껴보는 것이다.
슬픔, 기쁨, 행복, 불안, 화남, 열정, 의지 같은.

왜냐하면, 나이가 들면 많은 것이 무뎌지고
감정 또한 무뎌질 것이기 때문이다.

지금까지 젊음에 대해 알아봤다면
이제는 늙음에 대해 알아볼 차례이다.

나이가 어릴 때 받는 선물이 있듯이
나이가 들면서 받는 선물도 있다.

그 선물 중 하나가 바로 ‘지혜’다.

나이가 들면서 얻는 지혜는
어떠한 지혜도 따라갈 수가 없다.

왜냐하면, 그 지혜는 직접 몸소
체험하면서 느낀 것이기 때문이다.

그래서 나는 경험이 진정한 배움이라고 생각한다.

다시 본론으로 돌아와,
시간이 흐르고 나이가
드는 것은 당연하다.

젊었을 때만 할 수 있는 것이 있고,
늙었을 때만 할 수 있는 것이 있다.

젊음의 낭만도 있고,
늙음의 낭만도 있다.

우리가 시간을
느리게 혹은 빠르게 가게 할 수는 없지만
그 시간을 따라 살아갈 수는 있다.

그리고 시간의 흐름에 따라
그때만 할 수 있는 것을 하나씩 해보면서
현재의 행복을 느끼면 된다.

시간에 따라 할 수 있는 것이 있는 것은
모든 사람이 가지고 있는 특별한 재능이다.

행복 초점

많은 사람이
행복에 초점을 맞추는 것이 아닌
성공에 초점을 맞추고 살아간다.

그런데 결국 성공하고 싶은
이유도 행복해지고 싶어서다.

그래서 나는 당신이 다시 한번
행복과 성공에 대해 생각해보면 좋겠다.

왜냐하면, 성공해서 행복해진다는
보장은 없지만, 행복을 좇는다면
행복해질 일이 더 많아질 것이기 때문이다.

그러니 한 번뿐인 인생,

지금 당장 행복해지는 것은 어떨까?

행복해지기 전에 필요한 과정

내가 생각하기에
행복해지기 전에 꼭
필요한 과정이 하나 있다.

그것은 자기 자신의
마음을 아는 것이다.

다치진 않았는지.
아프진 않은지.
부족한 게 있으면
그것이 무엇인지.

만약 지쳤다면 잠깐

쉬어갈 휴게소가 필요하다.

만약 모든 것이 충족한다면

해야 할 일을 찾아야 한다.

만약 마음이 도망치고 싶다고 하면

같이 도망칠 용기가 있어야 한다.

나는 자신의 마음을 먼저 알아야

행복해질 수 있다고 생각한다.

왜냐하면, 행복은 다른 사람이

결정할 수 있는 것이 아닌 자기 자신만이

결정할 수 있기 때문이다.

행복해지는 방법 / 행복하기

사람들은 말로만 행복하게 사는 것이 꿈이라고 한다.

행복해지기 위해서 노력하는 것이 아닌
부와 명예를 위해 더 큰 노력을 한다.

부와 명예를 위해서 하는 노력을
행복해지기 위해서 하는 노력이라고
말한다. 그리고 그렇다고 믿는다.

많은 사람이 부와 명예를 얻으면
행복해질 것이라고 믿는데

착각하는 것이 하나 있다.

부와 명예는 행복을 좌지우지하지 않는다.
물론 부와 명예가 행복을 위한 하나의 수단이 될 수는
있지만 진짜 행복을 좌지우지하는 것은 현재이다.

만약
지금 당신이 좋아하는 일을 하고 있다면
당신은 행복하다고 느낄 것이다.

만약
지금 낭신이 가장 좋아하는 아이스크림을 먹고 있다면
당신은 행복하다고 느낄 것이다.

만약
지금 당신이 밤하늘의 많은 별을 보고 있다면
당신은 행복하다고 느낄 것이다.

이렇듯이

행복해질 방법은

수천 수백 가지가 넘는다.

그런데도 만약 누군가가 미래의 행복을 위해 지금 힘들게 살고 있다면 행복을 모르는 사람일 가능성이 크다.

왜냐하면, 진정으로 행복을 아는 사람은

하루에도 몇 번씩 행복하다고 느낄 수 있기 때문이다.

힘듦과 행복

힘듦과 행복은 다르다.

같은 점이라곤 감정이라는 것 하나다.

그렇기에 둘은 공존할 수 있다.

힘들지만 행복할 수 있고,

행복하지만 힘들 수도 있다.

<u>그러니 행복을 너무 멀게만 생각하지 마라.</u>

<u>그리고 지금 당장 힘들다고</u>

<u>행복할 수 없다고 생각하지 마라.</u>

특별한 행복

세상에는 다양한 행복이 있지만, 그중에 가장 특별한 행복은 자기 자신에 대해 하나씩 알아가는 과정을 통해 얻는 행복이라고 생각한다.

왜냐하면, 자기 자신은 평생 함께하는 유일한 인생의 동반자이기 때문이다.

그래서 다른 곳에서 오는 행복보다 자기 자신을 통해 얻는 행복이 더 의미가 있다고 생각한다.

어쩌면 자기 자신은 힘들 때나 기쁠 때나 슬플 때나 언제나 함께 있었고 함께 있을 유일한 존재다.

인생을 살아가는 방법

만약 누군가가 인생을 어떻게 살아야 할지 모르겠다고 묻는다면 나는 그냥 대충 살아도 괜찮다고 말해주고 싶다.

왜냐하면, 이렇게 말해줘도 대충 살지 않을 것을 알기 때문이다.
그 누군가는 이렇게 말해줘도 계속 열심히 살기 위해 노력할 것이다.

그래서 나는 그 누군가가 조금이라도 쉬어가길
바라는 마음으로 이 말을 해주고 싶은 것이다.

적성에 맞는 일과 좋아하는 일

많은 사람이 하는 고민 하나를 가져왔다.

물론 나도 마찬가지로 많이 하는 고민이다.

적성에 맞는 일과 좋아하는 일 중에 당신은 어떤 것을 고를 것인가?

어른들은 적성에 맞는 일을 선택하라고 한다.

왜냐하면, 적성에 맞는 일 즉 조금이라도 재능이 있는 일을

선택해도 성공이 보장되어 있지는 않기 때문이다.

그런데 만약 좋아하기만 하는 일을 선택한다면

성공은 더더욱 멀어지기 때문이다.

하지만 내 생각은 조금 다르다.
당신의 인생은 당신의 것이다.

만약 이 말이 와닿지 않는다면 예를 하나 들어보겠다.

당신의 휴대전화가 있다.
휴대전화 케이스를 구매하려고 쇼핑을 하는 중에
정말 마음에 들고 좋아하는 케이스를 하나 발견했다.

그래서 친구에게 '이 케이스 살 거데 어때?' 라고 물어봤는데
친구가 그 케이스 말고 다른 케이스가 더 잘 어울린다고 한다.

그래서 가족들에게도 물어봤는데
그 다른 케이스가 휴대전화에 더 잘 어울린다고 한다.
객관적으로 그 다른 케이스가 내 휴대전화에 더 잘 어울린다는 결정이 났다.

하지만 만약 당신이 처음에 발견했던 케이스가 진짜로 마음에 들고 좋았다면

다른 사람들이 그 다른 케이스가 더 잘 어울린다고 해도 당신은 결국 처음에 마음에 들었던 그 케이스를 살 것이다.

왜냐하면, 그 휴대전화는 당신의 것이기 때문이다.
그래서 다른 사람들이 뭐라 해도 당신 마음에만 들면 된다.

그러니 당신의 것인 당신의 인생도 당신의 마음이 끌리는 대로 해라.
다른 사람들의 말보다 중요한 것이 바로 당신의 마음이다.

물론 다른 사람들의 말이 도움 될 수도 있다. 하지만 결정을 할 때는
그 말을 무조건 따르는 것보단 당신의 마음의 소리에 귀

를 기울여라.

그리고

당신이 곧 죽는다고 가정해보자.

그렇다면 당신은 미래의 성공을 위해 일할 것인가?

아니면 좋아하는 일을 선택할 것인가?

우리는 죽을 때

공부를 조금 더 열심히 할걸,

더 좋은 대학을 갈 걸 하며 후회하지 않는다.

소중한 사람들과 조금 더 많은 시간을 보낼걸,

좋아하는 일을 조금이라도 해볼 걸 하며 후회한다.

언제 죽을지 모르는 것이 인생이다.

그래서 나는 당신이

당신의 선택에 조금 더 용기를 가졌으면 좋겠다.

좋아하는 일을 해야 하는 이유

저마다의 이유로 많은 사람이 열심히 산다. 그만큼 힘든 사람도 많다. 물론, 힘든 이유가 열심히 살았기 때문일 수도 있다. 하지만 열심히 사는 것은 힘들게 사는 것이라고 정의를 내릴 수는 없다.

왜냐하면, 진정으로 좋아하는 일을 하며 열심히 사는 사람은 몸이 지칠 수 있어도 정신은 힘들지 않고 오히려 행복하다고 느끼기 때문이다.

이것이 우리가 좋아하는 일을 해야 하는 이유다. 좋아하는 일을 하는 사람은 그것을 열심히 할수록 뿌듯함과 행복을 느낀다.

반면에, 어쩔 수 없이 어떤 일을 선택한 사람은 열심히 할수록 스트레스가 늘어난다. 사실 어쩔 수 없이 선택한 일을 열심히 한다는 것만으로도 대단한 일이다.

왜냐하면, 좋아하는 일을 선택한 사람도 열심히 하기가 쉽지 않기 때문이다.

인간의 체력에는 한계가 있다. 그래서 아무리 열정이 있다고 해도 체력이 안 따라주면 아무것도 할 수 없다.

그래서 조금이라도 에너지를 아끼려면 당신이 진정으로 좋아하는 일을 찾고 그것을 해야 한다.

직업 / 미래에 되고 싶은 것

만약
당신이 하고 싶은 일이 있다면
그냥 해라. 그것이 무엇이든.

선은 없다.

책을 꼭 내야 작가가 되는 것이 아니다.
전시회를 꼭 해야 화가가 되는 것이 아니다.
음원을 꼭 발매해야 가수가 되는 것이 아니다.

당신이 글을 쓴다면 작가이고
당신이 그림을 그린다면 화가이고
자유롭게 노래를 부르면 가수이다.

이렇게 한다고 해서

뭐라고 할 수 있는 사람은 아무도 없다.
안될 이유가 없기 때문이다.
그리고 애초에 직업의 기준은 없었다.

아무도 기준을 만들어 놓지 않았다.

그러니
무언가 하고 싶은 것이 생기면
미래에 또는 나중에 하겠다고
마음 한편에 남겨두지 말고
그냥 지금 해라.

지금 당장 당신이
하고 싶은 것, 되고 싶은 것

그것이 바로 당신이다.

진짜 하고 싶은 것

진짜 하고 싶은 것이 있다면
누가 뭐라고 하든 그냥 해라.

만약 뭐라고 하는 사람이
있으면 그 사람은 그것을 못 해서
또는 못해봐서 하는 말이다.

그러니 직접 해보고 누구의 말이
맞았는지 당신이 스스로 정해라.

진정으로 원하던 것을 했을 때

그것이

생각보다 어려울 수도 있고

생각보다 쉬울 수도 있다.

그것이

진정으로 좋아하는 것이 아니었을 수도 있고

진정으로 좋아하는 것이 맞는다고 확신이 들 수도 있다.

그것이

생각보다 재미가 없을 수도 있고

생각보다 더 재미있을 수도 있다.

그리고 그것을

못할 수도 있고

잘할 수도 있다.

그런데 만약 결과가 전자 중

하나라도 걱정할 필요가 전혀 없다.

왜냐하면, 그것을 계기로

다른 분야에 나아갈 수도 있고,

그것을 더 노력해서 완전히 자신의 것으로 만들 수도 있기 때문이다.

있잖아

있잖아,
난 모든 사람이 행복했으면
하는 소박한 꿈이 하나 있어.

그래서 난 네가 힘들지 않았으면 좋겠어.
그리고 난 네가 어떤 사람이든 괜찮아.
다만 그냥 네가 행복했으면 좋겠어.

내 목소리

너는 이 세상에서 가장 소중한 존재야.

나라도 알려주지 않으면

네가 이 사실을 영영 모를 것 같아서

그래서 나는 계속 알려주려 해.

내 목소리 2

비록 나의 목소리가 모든 사람에게 전해지지 않더라도. 혹시나 우연이라도 내 책을 보게 되는 사람이 있을까 봐. 그래서 나는 당신이 소중하다고 계속해서 알려주고 있다. 나라도 알려주지 않으면 당신이 그 사실을 영영 모를까 봐, 모르고 살까 봐. 그래서 알려주고 있다. 내 목소리가 비록 모든 사람에게 전해지지는 않더라도. 나는 혹시나, 우연히 내 책을 보게 되는 그 몇몇 사람들을 위해 계속해서 알려주려 한다.

글을 쓰는 이유

나는 평소에
책을 그리 많이 읽지는 않았지만
힘들 때는 항상 책을 찾았다.

왜냐하면, 그 무엇보다도
책이 많은 위로가 되어주었기 때문이다.
그래서 나는 내가 책을 통해 얻었던 위로를
다른 사람들에게 나눠주고 싶었다.

이것이 내가 글을 쓰게 된 계기이다.

처음 글을 쓰기 시작할 때부터 지금까지

'내 글을 읽고 1명이라도 위로를 받았으면 좋겠다'

라는

마음가짐 또는 바람을 가지고 글을 쓰는 중이다.

책을 쓰는 이유

나는 모든 사람이 소중하다고 생각한다.
그리고 모든 사람이 행복했으면 한다.

그래서
힘들어하는 모든 사람에게 직접 찾아가
당신은 정말 소중한 사람이라고
말해주고 싶지만, 그것은 불가능하다.

하지만 책으로는 그 일이 가능하다.

이것이 내가 책을 쓰는 이유 중 하나다.

책을 좋아하는 이유

내가 책을 좋아하는 이유가 뭔지 알아?

나도 내 마음을 모를 때
그래서 생각과 마음이 복잡할 때,

책이 나도 모르는 내 마음을
알아주었고 위로해주었기 때문이야.

11월 1일 (에 쓴 글)

어제는 10월 31일, 핼러윈이었어요. 그리고 오늘은 11월 1일, 11월의 첫 번째 날이에요. 벌써 2020년의 24시간 중의 2시간밖에 남지 않았네요. 그동안 고민하고 걱정하던 것들은 과거에 묻어두고 새로운 달과 함께 새로운 시작을 해보아요. 새로운 시작은 새로운 도전을 의미해요. 거창한 것들이 아니어도 좋아요. 예를 들면, 예전에 한 번도 안 먹어봤던 음식을 도전해보거나, 오늘은 평소랑 다른 길로 다녀보거나, 등등… 좋은 것만 보고 듣고 느끼기에도 짧은 인생, 우리 좋은 것만 보고 듣고 느껴요. 아픔이 나쁘지만은 않지만, 저에게 소중한 사람들에게는 이왕이면 행복만 존재했으면 해요. 오늘은 부디 편안한 밤 보내시길 바랍니다. 무엇을 하든 항상 응원할게요.

12월

12월. 거의 한 해의 끝자락이라 누군가에겐 더 힘이 들 수도 있고 누군가에겐 더 나을 수도 있지만, 그래도 2020년의 11개월을 힘들어도 견뎌주고 버텨줘서 고마워요. 그사이에 바뀐 것도 많고 달라진 것도 많지만, 그래도 변함없이 내 곁에 있어 주는 당신 덕분에 힘이 나요. 그동안 정말 고마웠고, 앞으로도 계속 고마워할 거예요. 지금까지 꿋꿋하게 열심히 살아오느라 수고했어요. 장담하건대, 12월은 행복한 날만 있을 거예요. 왜냐하면, 당신은 존재만으로도 주변 사람들을 행복하게 만들어주니까요. 2021년까지 딱 한 달 남았는데, 우리 그동안(11개월) 못 웃은 만큼 12월에 한꺼번에 몰아서 웃어요. 마지막으로 12월도 화이팅!

크리스마스

크리스마스. 메리 크리스마스. 미리 메리 크리스마스. 이날은 1년에 딱 한 번 오는 아주 중요한 날이다. 나는 이날을 보통 교회에서 보냈다. 하지만 이번 연도는 코로나 때문에 조금 다를 것 같다. 그리고 어렸을 땐 이날에 산타 할아버지가 선물을 주기만을 기다렸다. 사실 아직도 이날이 되면 내가 갖고 싶은 선물을 받기도 한다. 하지만 나이를 조금씩 먹으니 요즘엔 딱히 갖고 싶은 선물도 없다. 그래서 이날엔 보통 가족들과 맛있는 것을 먹고 함께 시간을 보낸다.

사실 가장 기대가 될 때는 크리스마스 당일이 아닌 크리스마스가 다가올 때인 것 같다. 크리스마스가 다가와서 거리에는 캐럴들이 하나둘씩 들리고, 몇몇 상점에서는 크리스마스트리를 내놓고, 그렇게 크리스마스를 기대한다. 그런 거리를 걷다 보면 '이제 한 해도 거의 다 갔구나.' 라는 생각과 함께 '시간 참 빠르다.' 라는 생각이 든다. 나도 곧 있으면 한 살을 더 먹는 것이다.

나는 적어도 특별한 날에는 모든 사람이 그저 아무 걱정 없이 환하게 미소를 지었으면 좋겠다. 그래서 막상 당일이 되면 기대와 다르게 평범한 날임에도 불구하고 그날이 다가오기를 기다리고 기대한다. 아마 다른 사람들도 나처럼 '그날은 행복하겠지?' 라는 생각 때문에 그 기다림을 더 기대하는 걸지도 모르겠다.

그래서 내가 크리스마스 때 모든 사람에게 바라는 건 딱 한 가지이다. 그저 어린아이처럼 아무 걱정 없이 환하게 미소를 지으며 행복했으면 하는 거. 한 해도 잘 살아왔다고 다독여 주는 거. 소중한 내 사람들에게 내 곁에 있어줘서 고맙다고 진심을 전하는 거. 한가지라고 했는데 생각하다 보니 하나둘씩 늘어간다.

아무튼, 메리 크리스마스다.

이번 크리스마스도 무탈하게 보냈으면.

새해 (글?)

지금, 이 글 읽고 있는 모든 사람 새해 복 많이 받으세요. 2020년 그동안 수고 많았어요. 덕분에 2020년 한 해가 더욱 특별하고 행복한 한 해였던 거 같아요. 2021년에는 부디 아프지 말고 웃는 날만 가득하길 바랄게요. 2021년에는 2020년보다 더 행복하세요. 아니 그냥 평생 행복하세요. 2020년 그동안 정말 고마웠어요. 2021년도 잘 부탁드려요. 감사하고 사랑합니다.

참사랑

우리가 어렸을 땐 부모님께서 우리가
행복하게 잘 자라주기만을 바라셨을 것이다.
그리고 우리가 커서 어른이 되고 결혼을 해서
아이를 낳으면 우리도 그 아이가 행복하게
잘 자라주기만을 바랄 것이다.

이것은 참사랑이다.
우리가 부모님에게서만 얻을 수 있는 사랑.
우리가 자식들에게만 줄 수 있는 사랑.

세상에서 가장 위대한 이름

당신은
세상에서 가장 위대한 이름이
무엇이라고 생각하는가?

17년을 살아온 한 사람으로서
나는 '부모님'이라고 생각한다.

부모님, 그 세 글자만 들어도
벌써 가슴이 뭉클해지지 않는가?

이것이
모든 사람에게는 정답이 아닐 수도 있지만
적어도 나에게는 정답이라고 생각한다.

– 부모님

부모님을 한번 생각해보자.

만약 당신이 부모님이 된다면
자식들에게 그만큼 최선을
다해 줄 수 있다고 생각하는가?

부모님은 항상 우리에게 최선을 다하신다.

그 최선이 우리에게 부족하면

그들의 자존심을 버려서라도
우리에게 좋은 것만 해주려고 노력하신다.

그에 반면,
우리는 우리의 자존심이 가장 중요하다.
부모님께 짜증도 부리고 화도 낸다.

그런데도 부모님은 우리를 혼내거나
다그치지 않으신다. 항상 참으신다.

그때마다 나는 그것이
'참 어른의 모습이구나' 하고 느낀다.
왜냐하면, 나 같았으면 당장이라도
똑같이 화내고 짜증 냈을 것이기 때문이다.

보통 자식들은 그렇게
짜증 내고 화낸 다음 후회를 한다,

'내가 도대체 왜 그랬지?'

하지만 우리는 또 우리의 자존심이 먼저다.
미안하다는 그 말 한마디면 부모님은
용서는 물론이고 우리를 안아주실 것이다.

하지만 우리는 사과를 먼저 하는 법이 없다.
그래서 결국 부모님이 먼저 우리에게 다가오신다.

우리가 잘못했든 안 했든
그냥 우리 모습 그대로를
존중해주시고 사랑해주신다.

나는 이것을 '참사랑'이라고 생각한다.
대가 없이 모든 것을 다 줄 수 있는 마음.

부모님은 우리에게 참사랑을 알려주는 유일한 존재다.

마지막으로 자식으로서

부모님께 꼭 해드리고 싶은 말이 있다.

부모님은 우리에게 항상 최선을 다해주셨고

우리는 그 최선과 사랑을 충분히 과분할 만큼 느꼈다고.

항상 감사하고 세상에서 가장 사랑하는데

자주 표현도 못 해주고 자주 말해주지 못해서 미안하다고.

부모님의 마음

내가 행복하지 않더라도
네가 행복하면 그걸로 됐어.

너의 행복을 간절히 바라는 한 사람

탄생

우리가 태어난 것은 기적 중의 기적이다.
상상할 수도 없는 높은 경쟁률을 뚫고 우리가 태어났다.
이것은 우리가 그만큼 특별하다는 것을 의미하기도 한다.

부모님은 우리가 태어난 순간부터
한 사람의 인생이 아닌
누군가의 부모로 살아간다.

이 말을 이해하기 쉽게 바꾸면,
우리 때문에 인생의 모든 것을 포기해야 한다는 말이다.
그리고 누군가의 인생을 책임져야 한다는 말이다.

부모님으로서는
우리가 하나의 생명으로 태어난 것이다.
그것도 자신 없이는 아무것도 하지 못하는.

나는 아직 누군가의 인생을 책임져 본 적이 없어서 부모님이 느꼈던 감정과 고생을 감히 이해할 수는 없지만 조심스럽게 예상해 본다면 엄청나게 고되고 힘들고 외로우셨을 것 같다.

하지만 아주 작고 소중한 아기의 미소를 보면
어떠한 감정이든 사르르 녹듯이
우리를 보는 부모님의 마음 또한 그랬을 것 같다.

우리의 모든 생은 부모님과 함께였다.

이 세상에 태어났을 때부터 지금까지.

마침 / 끝

끝은 또 다른 시작이라는 말을 아는가.

이제 이 이야기도 여기서 끝이다.

짧았다면 짧았고 길었다면 길었던

그동안의 이야기가 당신의 마음에 와닿았으면 좋겠다.

아직 이야기의 반도 안 온 것 같았는데

벌써 이렇게 끝이 나다니 시원섭섭하다.

하지만 이 끝이 어쩌면 또 다른 시작이 될 수도 있기에 기대도 된다.

나는 진심으로 당신이 행복했으면 좋겠다.

당신이 어떤 사람이든 상관없다.

그저 당신이란 존재가 행복했으면 좋겠다.

그래서 나는 당신이 행복하길 매일 밤 기도한다.

마침. (끝)

30년 후의 내 아들, 딸에게

안녕, 나의 딸, 아들아.

너희가 이 편지를 볼 때쯤이면 난 40대 후반쯤이겠구나. 그때쯤이면 100세 시대겠지? 나는 지금 17살이란다. 아마 이 편지를 볼 때쯤에 너희와 비슷한 나잇대일 거야. 시간이 흘러 세상도 많이 변했겠지? 2020년인 요즘에는 코로나가 전 세계에 유행 중이란다. 그래서 마스크 없이는 밖에도 못 나가는 시대야. 아마 30년 후, 너희가 사는 세상에는 진작에 백신이 개발되어 코로나가 종식되었을 것 같아.

30년 후면 내가 지금보단 경험도 많이 해보고 세상에 대해 배운 것도 더 많아지니 너희들에게 해주고 싶은 이야기가 참 많을 것 같아. 왜냐하면, 나는 너희를 그 무엇보다 사랑하니까. 하지만 지금의 나는 아직 모르는 것도 많고 배워야 할 것도 많단다. 그래서 지금은 무슨 말을 해줘야 할지 잘 모르겠어. 하지만 한 가지 확실한 것은 나의 부모님이 내가 건강하게 잘 자라주기만을 바랐던 것처럼, 나도 너희가 건강하게 잘 자라주기만을 바랄 거야. 왜냐하면, 너희는 나의 세상에서 하나뿐인 아들, 딸이기 때문이란다.

너희가 공부를 못해도 괜찮아. 그리고 특별하게 잘하는 것이 없어도 괜찮아. 하지만 진심으로 행복했으면 좋겠어. 아마 살면서 많은 고난과 장애물이 너희를 찾아올 거야. 그때마다 많이 지치고 힘들 수도 있어. 그러면 그때는 나에게 와서 편히 쉬렴. 자식들을 바른길로 인도하는 것이 부모가 해야 할 일 그리고 숙제이지만, 그와 동시에 자식들이 편하게 기댈 수 있는 사람이 되는 것 또한 부모의 숙제라고 생각해. 그러니 너희가 지치고 힘들 때 나에게 언제든지 기대도 된단다.

지금의 나는 학교 숙제를 하기에도 버겁고 힘이 들지만, 30년 후에 나는 내가 나의 부모님을 존경스러워하고 자랑스러워하듯이, 너희가 존경스러워하고 자랑스러워하는 부모님이 되고 싶단다. 그래서 나는 우리 부모님이 정말 대단하다고 생각해. 그리고 우리 엄마 아빠처럼 너희에게 엄청 친한 친구 같은 부모님이 되어주고 싶어.

사실 나는 너희를 만나는 것이 아주 조금은 두렵기도 하단다. 왜냐하면, 앞에서 말했듯이 "지금의 나는 숙제같이 인생의 사소한 것 하나만으로도 벅찬 어린아이일 뿐인데 하나의 (소중한) 생명을 내가 책임져야 한다니…. 과연 잘 해낼 수 있을까?" 라는 생각이 많이 든단다. 그때마다 나는 이것을 해낸 모든 부모님 (그리고 우리 부모님)들이 존경스러워. 그렇지만 이 걱정은 너희의 미소에 비하면 눈곱보다 작을 거야. 왜냐하면, 너희는 하나님이 나에게 주신 이 세상에 무엇과도 비교할 수 없는 최고의 선물이기 때문이야. 너희는 나에게 정말 소중하단다.

너희가 소중한 존재라는 사실을 항상 기억해줬으면 좋겠어. 그리고 너희가 소중한 존재인 만큼 다른 사람들도 소중한 존재란다. 그러니 다른 사람들도 너희 자신처럼 존중해주렴. 왜냐하면, 우리는 모두 소중하기 때문이야. 만약 누군가가 너희를 존중해주지 않는다면 너희도 그 사람을 존중해줄 필요가 없다고 생각해. 물론, 다른 사람을 존중해주어야 하는 것은 맞지만 그렇다고 너희가 존중받지 않아도 된다는 뜻이 아니야. 누가 뭐래도 너희는 너희를 가장 소중하게 생각해야 해. 이기적이라고 생각할 수도 있지만, 이것은 이기적인 것이 아니야. 자기 자신을 먼저 존중해주어야 다른 사람도 존중해줄 수 있단다.

힘듦과 아픔이 나쁜 것만은 아니란다. 그것들은 너희를 한층 더 강한 사람으로 만들어 줄 거야. 그리고 성장할 수 있게 도와줄 거야. 그것들은 살면서 누구나 겪는 아주 자연스러운 거란다. 그렇다고 모든 아픔과 힘듦을 혼자 지고 가지는 마. 내가 있잖니. 힘든 일이 생기면 언제든지 내게 말해도 돼. 내가 들어줄게. 그리고 함께해줄게. 그것을 해결할 방법도 함께 찾아보자.

세상이 너희에게 1등만 강요할 수도 있어. 그리고 1등만 기억하는 세상 때문에 너희가 힘들 수도 있어. 지금은 아니지만 나도 나중에 많은 경험을 하고 나이가 들면 너희에게 공부하라고 잔소리를 할 수도 있어. 하지만 그때는 너희가 진정으로 중요하게 생각하는 것, 좋아하는 것이 있다면 그리고 그것을 위해 엄청난 노력을 할 용기가 있다면 그 말들을 흘려들어도 돼. 내가 지금 생각하기에 가장 중요한 것은 '좋아하는 일 찾기' 야. 왜냐하면, 나는 아직 진정으로 좋아하는 일을 못 찾았기 때문이야. 사실 나도 아직 많이 방황하는 중이란다. 이건 아주 자연스러운 거야. 그러니 너희가 나중에 내 나이가 되었을 때, 방황 때문에 걱정하지도 조급해하지도 않아도 돼.

그리고 방황은 그만큼 너희가 너희의 삶에 책임을 지고 있다는 뜻이야. 그래서 나는 방황하는 너희에게 오히려 칭찬해주고 싶은걸? 그러니 방황을 두려워하지 말고 나중에 후회하지 않을 만큼 마음껏 방황해보렴. 너희가 방황하는 동안 내가 끝까지 옆에 있어 줄게. 그리고 기다려줄게. 만약 실수했어도 괜찮아. 인간은 누구나 실수를 한단다. 하지만 그 실수는 너희가 꼭 책임져야 한단다. 그것을 회피하는 것은 너희가 너희의 실수를 인정하지 않는다는 뜻이야. 그러니 실수를 했을 때, 책임을 질 수 있는 그런 용기 있는 아이들이 되어주었으면 좋겠어. 책임지는 법은 너희가 커가면서 자연스럽게 익힐 수도 있고 아니면 내가 알려주고 옆에서 도와줄 수도 있단다.

무엇이든지 차근차근 하나씩 해나가면 돼. 쉽게 세운 탑 그리고 대충 쌓은 탑은 쉽게 무너지지만, 공든 탑은 절대 쉽게 무너지지 않아. 내가 아직 어려서 '눈에 넣어도 안 아픈 내 자식'이라는 말이 완벽하게 이해되지는 않지만 내가 부모님이 되고 나면 아마 무슨 말인지 확실하게 이해될 것 같아. 왜냐하면, 너희들이 태어난 순간부터 너희는 내 전부일 테니까.

나는 너희들이 착한 사람이 되는 것보다 바른 사람이 되어주었으면 좋겠어. 그리고 꼭 대단한 사람이 되지 않아도 된단다. 괜찮아. 그냥 아프지 말고 건강하게만 자라주렴. 나도 부모가 처음이라 아주 서툴고 부족한 것도 많겠지만 최선을 다할게. 그리고 우리 엄마가 나를 위해 항상 기도해준 것처럼 나도 너희를 위해 항상 기도할게.

나의 아들, 딸로 태어나줘서 정말 고맙단다.
그리고 사랑한다, 내 딸아 그리고 아들아.

판권

초판 인쇄: 2026년 1월 10일
초판 발행: 2025년 1월 10일

펴낸이: 김병완
펴낸곳: (주) 플랫폼연구소

출판등록: 제 2020-000075호

이메일: pflab2020@naver.com

주소:서울시 강남구 삼성동 116 백우빌딩 402호

ISBN 979-11-24195-61-1(03010)